Petruta Ritter

Schreiblust im FiB

Petruta Ritter (Hrsg.)

Schreiblust

im FiB

mit Beiträgen von Anna Forstner, Doris Haffelner,
Eva Kasparekt, Eva-Maria Pesendorfer, Gernot,
Magdalena Vogler, Renate Wegleitner, Isabella Karner,
Nicole Höll, Christoph Adrian, Johanna Verdil, Stefan
Höll, Jürgen Pintar, Rikki, Eleonora Grininger,
Christine Schlair, Tamara Marinkovic, Traute Karner,
Ingrid Fuchs und Petruta Ritter

Impressum

Satz und Lektorat, Titelgestaltung:
Premieren-Verlag, 91541 Rothenburg
Bildnachweis: fotolia-sergeca

Herstellung und Verlag:
BoD - Books on demand, Norderstedt
ISBN 9783743164253
Erschienen bei books-on-demand

Vorwort „Schreiblust"

In allem, was ist, gibt es Zwischenräume. Dort, wo das Offenkundige und leicht Benennbare als fixe Größe steht, zeigen sich schmale Ritzen, kleine Öffnungen und oft kaum wahrnehmbare Spalten. Durch sie wird wahrnehmbar, was auch ist, aber sich nicht sofort erschließt. Schreiben, zumal literarisches, sucht den Weg durch diese Zwischenräume zu einer neuen Sicht des Gesamten. Sprache, die oft auch so groß und klobig, so mächtig und dominant wirkt, hat die Kraft das Dazwischen in Bilder und Worte zu fassen. Sie folgt daher auch jenen, die sich mit dem Schreiben dem Wahrnehmbaren in sich und in der Welt zuwenden. Mit dem, was man zur Sprache bringt, wird jeder Mensch selbst Teil der Sichtbarwerdung. Viele Frauen suchen und gehen diesen Weg. In Gedichten, Erzählungen, Glossen, ernst und humorvoll loten sie aus, was sie bewegt. Sie experimentieren aber auch mit Formen, Wörtern und Themen, sie schauen, was durch welche Ritze passt und wo sich der Widerschein des Eigentlichen zeigt.

Als Lesende nehmen wir teil an dieser lustvollen Expedition und erweitern unseren eigenen Resonanzraum. Viel Freude beim Lesen der vorliegenden Texte der Schreiblust-Teilnehmerinnen.

Christine Haiden, Chefredakteurin „Welt der Frau"

Manche Schreibtalente schlummern im Verborgenen. Das Ziel des „Schreiblust"-Seminars ist Mut zu machen, mit der eigenen Fantasie zu spielen oder die Erlebnisse und Erinnerungen festzuhalten und somit vor dem Vergessen zu bewahren, ohne den Perfektionsdruck, schon mit den ersten Schreibübungen Hochliteratur zu verfassen. Im Gegenteil, je unbeschwerter man schreibt, mit den Worten experimentiert, desto besser.

Die Gedanken schwirren im Kopf und wollen nach außen, doch man traut sich nicht loszuschreiben, aus Angst, nicht gut genug zu sein. Um diesem Hindernis auszuweichen, notiert man zuerst die Ideen als Stichwörter auf irgendwelchen Zetteln. Mit diesem Provisorium als Gedankenstütze vergisst man nicht, was man schreiben wollte. Und zugleich hilft es vor zu hoch gestellten Ansprüchen.

Der Feinschliff kommt erst später.

Petruta Ritter

Anfang einer kleinen Ewigkeit

Staunend erblicke ich die Rosenblätter, die in sanften, kreisförmigen Bewegungen vor mir zu Boden gleiten. Mein Herz schlägt plötzlich um gefühlt das Dreifache schneller. Endlich ist es soweit. Links und rechts sehe ich um die zweihundert Hinterköpfe. Braune, Schwarze, Blonde und auch ein exotisches Pink ist zu entdecken. Langsam fühle ich, wie meine mühsam im Zaum gehaltene Nervosität schlagartig in die Höhe schießt. Die Köpfe wenden sich und ich mache meine Familie aus. Meine Eltern und meine Schwester. Andere wiederum erkenne ich kaum wieder und viele Namen, die ich sicherlich schon vernommen habe, entgleiten meinem Geist, als ich die einzige Person erblicke, die ich heute neben mir stehen sehen will. Marius. Meine Freundinnen und das Blumenmädchen, meine liebste Nichte, setzen sich vor mir in Bewegung. Musik setzt ein. Aufgeregt wie ein kleines Kind zu Weihnachten, kneife ich meinem Vater in den Arm, was er mir glücklicherweise nicht übel nimmt, sondern mich nur wohlwollend schmunzelnd und beruhigend lächelnd ansieht. Langsam und bedacht setze ich einen Fuß vor den anderen den Mittelgang entlang. Die Gäste haben sich erhoben und so manch eine hat schon Tränen der Freude in den Augen. Wer um Himmels Willen hat all diese Leute eingeladen, die mich nun prüfend mustern. So als wüssten sie und ich nicht schon seit Monaten, dass dies der einzig wahrlich richtige Weg für mich ist und mein Herz sich nichts sehnlicher wünscht als diesen Mann, der noch immer mit seinem stattlichen Rücken zu vor dem Geistlichen steht, ganz und gar den meinigen nennen zu können. Die Hälfte des Weges liegt nun hinter mir, als sich mein Traummann endlich meiner erbarmt und sein Gesicht mir zuwendet. Die Liebe, die ich in seinen Augen sehen kann, berührt mich zutiefst. Sie gibt mir um Welten mehr Sicherheit als meine ganze Familie zusammen es je vermochte. Meine Schritte werden schneller, auch wenn meine Knie unter seinem Blick weich wie Butter werden und drohen, meinen Körper nicht länger tragen zu wollen. Ich will zu ihm, meinem Anker. Meinem unnachgiebigen Felsen in der Brandung. Seine Augen gleiten über meinen Körper. Ich kann sehen, dass er von meiner Erscheinung in dem perlweißen Hochzeitskleid, dass oben relativ eng anliegt und vom Po abwärts in einer weiten, eleganten Schleppe mündet, geblendet und überwältigt ist. Mir ergeht es nicht anderes, steckt er doch in dem eleganten Anzug, den er auch bei seinem Antrag vier Monate zuvor getragen hat. Die Erinnerung daran lässt mich für Sekunden die Hochzeit vergessen. Eine Gänsehaut überzieht meine nackten Arme, als ich zurückdenke, wie ich damals von der Arbeit heimgekommen war, in der Hoffnung, ihm entfiele unser erster Jahrestag nicht. Doch schien ich auf den ersten Blick enttäuscht zu werden, denn es war als wäre er noch nicht zu Hause. Dann sah ich allerdings den schwachen Schein einer Kerze, die sich, als ich durch die Tür in das Wohnzimmer blickte, als ganzes Kerzenmeer entpuppte und inmitten diesem kniete er auf unzähligen weißen Rosenblättern mit einer roten Rose in der Hand. Kaum vernahm ich seine süßen

Worte, war ich doch noch viel zu überwältigt. Fast vergaß ich auf seinen Antrag zu antworten. Überglücklich warf ich mich in seine starken Arme. Der darauf folgende Kuss war nicht - wie sonst so oft - mit unzähmbarer Leidenschaft getränkt, sondern zart wie Seide. Und nun stehe ich hier neben diesem fantastischen Mann mit seinen dunkelblonden Haaren und intelligenten, grün-blauen Augen. Doch das sind nur Äußerlichkeiten. Vielmehr überzeugen mich seine Treue, Herzlichkeit, Freundschaft, Zärtlichkeit und unendlich mehr, was ich niemals in Worte fassen könnte. Er nimmt meine Hand in seine, kann seine Augen nicht von meinen abwenden. Der Priester räuspert sich diskret. Aufmerksam lauschen wir seinen Worten. Dann – endlich – das Eheversprechen. „Wollen Sie, Elena Louisa Bergmann, den hier anwesenden Marius Hellweger zu Ihrem vor Gott angetrauten Ehemann nehmen, so antworten Sie laut mit ‚Ja'." Und natürlich gibt es darauf nur eine Antwort für mich, die mich endlich mit dem Mann meines Herzens vereint.

Anna Forstner, 16 Jahre, BG/BRG Gmunden

Auch dir

Wenn du ganz bei dir bist
Dich schenkst
Und deine Gabe lebst
Sind feinste Züge dann an dir
Machen dich aus, sind du
Bewohnen dich
Zieren dein Gesicht
Befreien dich und lassen ziehen
Was oftmals dich belangt
Wenn du nicht in der Liebe bist
Wenn manches, was mal war, sein wird
Dir´s Jetzt nimmt, dich verwirrt
Schau hin, nimm an
Bist Kind des großen Seins und des Moments
Bist wunderbar und immerfort geliebt
Von Vielen und von mir
Schenk das, was du den Menschen gibst
Ich bitte dich und dank dafür
Auch dir.

Doris Haffelner

Dank an die Trauer

Oh du meine Trauer, du bist wieder da
Ich kann dich heut spüren, weil du bist mir nah
 Spür auch den Schmerz, tief in mir drin
Der mich führt, bis zu meinen Ahninnen hin
Du Trauer, du Schmerz, du Leid tief in mir drin
Es war ein langer Weg zu dir hin
Verzeiht mir, dass ich euch so lang nicht erkannt
Bin immer wieder vor euch davon gerannt
Heut kann ich dich spüren, du Trauer, du Schmerz
Lass fließen die Tränen, weit wird mein Herz
Brauch nicht mehr lachen
Wenn mir zum Weinen grad ist
Ich lache, wenn mein Herz offen ist
So hast auch du Platz, meine Trauer, mein Schmerz
Und ich kann lachen mit weitem, offenem Herz
Hab Dank, meine Trauer
Mein Schmerz und mein Leid
Durch dich fand ich zur Liebe, der Weg war sehr weit
Erst als ich meine Trauer und meinen Schmerz
Zu mir nahm
Kam auch die Liebe, und wir gehen Arm in Arm
Du Trauer wirst leicht, und der Schmerz ging dahin
Und so blieb die Liebe, und ich wurd´ zur Königin
Danke, du Trauer, danke du Schmerz
Ohne euch beide
Wär nicht geworden so weit mein Herz.

Isabella Karner

Das Leiden der Liebe

Nur.. unzusammen-…hängende Gedanken… durchdringen die… bleierne Nebelwand, die… meinen Kopf… meterhoch umschließt. Schmerzen. Dunkelheit. Meine Augen scheinen zu tränen. Ich spüre nur den Schmerz. Wiederkehrend. Pochend. Wild. Unerträglich!
Schon seit gestern liegt er hier. Ich kann einen Schluchzer nicht unterdrücken. Auf dem Weg von der Hochzeit zum Flughafen… Oh Gott! Warum er? Tränen strömen an meinen fahlen Wangen herab. Lindern nicht meine unsägliche Seelenqual. Mein Mann. Mein Herz. Werde ich jemals wieder in seine lachenden Augen sehen? Wie sie vor Lebensfreude nur so sprühen? Einzig beruhigt durch das ständige Piepen, versinke ich in einen unruhigen, aber dringend benötigten Schlaf.
Die Einsamkeit verschlingt mich. Wo ist sie? Der Name will mir nicht einfallen, aber ich weiß, es gibt sie. Die eine. Meine. Plötzlich verschwindet die angenehme Taubheit, die meinen Geist apathisch macht und mich von dem Stechen in meinen Extremitäten abgeschottet hat. Innerlich sterbe ich. Diese Qualen. Meine Haut brennt. Meine Füße zucken. Nerven liegen blank. Zittern vor schmerzlicher Erregung. Förmlich sehe ich die Impulse wie rote Ameisen durch meinen Körper rennen. Richtung Kopf. Ich weiß, dass ich, wenn sie diesen erreichen, meine noch funktionierenden Hirnzellen über Bord werfen kann. Doch ich kann meinen Körper nicht rühren. Genauso wenig fühle ich

ihn. Bin ich… körperlos? Tot? Völlig irre?! Ich reiße meinen Mund auf. Kein Ton. Kein Laut. Stille.
Das hektische Piepen weckt mich. Sofort stehe ich neben ihm. Sein Mund ist aufgerissen. Wild wirft er seine Arme herum. Ein Bild des größten Schreckens. Ärzte stürmen das kleine Zimmer. Rigoros werde ich in den Flur manövriert. Ich sehe wie bei einem Flashback den Unfall und den darauffolgenden Überfall. Er als Geisel. In den Händen der Mafiosi. Den Lauf der Waffe an seiner Schläfe. In der anderen Hand ein Messer, das bei jedem Schnitt tiefer unter die Haut dringt. Lösegeld. Millionen, die wir nicht haben. Nur wegen meiner Spielsucht. Ich bin schuld. Alles ist meine Schuld. Ich schnappe meine Handtasche. Bin seiner nicht würdig. Meine Füße tragen mich weiter hinauf. Stockwerk um Stockwerk, einzig begleitet von dem unsicheren Klackern meiner Absätze. 10, 11, 12, 13. Endstation. Ironischerweise bringt mir das dreizehnte Stockwerk das Glück zurück. Leicht lässt sich ein Fenster öffnen. Ebenso einfach ist man auf dem Außensims gelandet. Wie hoch ist dieses Krankenhaus? Keine Ahnung. Hoch genug! Wo nun mein Glück liegt? Als ich nach vorne falle, spüre ich es deutlich. Der Tod. Die Vergeltung meiner Schuld. Das ist mein Glück. Auch das seinige. Er ist mich los. Für immer! Wer hat Angst vor dem Tod? Der kennt nicht diese unendliche Freiheit. Ich fliege. Wohin ist nicht von Bedeutung. Frei. Frei von Schuld. Verzeih mir!
Ruckartig öffne ich meine Lieder. Das Licht durchbohrt meine Augen. Kopfschmerzen. „Herr… können Sie … hören? Antworten …, wenn Sie … sehen, bitte!" Wer spricht? Der weiße Kittel. Erst jetzt kann ich es

realisieren. Ich. Bin. Wach! Lebend. Schon wieder nässen meine Augen, doch dieses Mal aus Erleichterung. Ich kann mich an alles erinnern, aber um nichts in der Welt würde ich aufgeben, wo ich seit wenigen Stunden, oder sind es Tage, die Liebe meines Lebens an meiner Seite weiß. „Wo ist meine Frau?" Man sieht sich ratlos um. Ein Stich geht durch meine Brust. Irgendwas stimmt hier gar nicht! Überhaupt nicht. Oh nein! Sie wird sich die Schuld geben. Wenn auch teilweise zu Recht, aber wer liebt, kann verzeihen. Plötzlich stürmt eine Krankenschwester, die völlig aufgelöst ist, in mein Zimmer. Als sie sieht, dass ich wach bin, wird sie blass. „WAS IST PASSIERT? WO ZUM TEUFEL IST MEINE FRAU??!", schreie ich voller Panik. „E-e-es tut mir Leid, a-aber Ihre Frau... Oh mein Gott! Sie ist gesprungen!" Mein Herz bleibt stehen. Mit ihm das Piepen. Nun werden auch die Ärzte panisch. Mein letztes Wort ist kaum hörbar und zieht auch nicht viel Aufmerksamkeit auf sich, als man versucht mich wiederzubeleben. Ein gehauchtes, ungläubiges Wort: „Nein."

Anna Forstner, 16 Jahre, BG/BRG Gmunden

Die **Welle der Verwandlung**

Was mir begegnet ist auf meinem Lebenswege
Festhalten wollte ich die Zauberbilder
Die in dem Schönheitswettbewerbsgedränge
Empor sich wölbten wie hell leuchtende Schilder.

Haselnussgewächse in Fülle eng verflochten
Wie treue Wächter auf den Feldern standen
Alle Kapriolen der vielen Jahreszeiten
Unerschütterlich sie überstanden.

Brombeerkletten zwischen den steilen Felsen
In jeden freien Ritz sich mühelos drängten
Mit Willenskraft entschlossen sie zu erobern
Die karge Landschaft, die nicht viel betreten.

Holunderstauden, die in der Frühlingssonne
Üppig beschmückt mit weißen Girlanden
Der Buchenwald mit hoch gesetzter Krone
Wo die Vögel eine Bleibe fanden.

All diese Dinge verließen irgendwann
Den alten Platz, um neu aufzuerstehen
Mit der Welle des Verwandlungsflusses
Auch ich einmal werd mit ihr untergehen.

Um auf dem Staub neu wieder zu entstehen
Doch nicht als Mensch, das halt ich für entbehrlich
Unter Lügen, Neid und Heucheleien
Ist mein Menschendasein schwer erträglich.

Lass mich ein Baum werden, Herr
In unberührtem Wald
An eigenem Stamm zu finden einen soliden Halt.

Petruta Ritter

Du bist mein Engel

Über unebenen Asphaltboden rattert mein Rollstuhl. Hinter mir, ein Engel. Meine persönliche Krankenschwester. Sie war die Einzige, die ich nicht mit meiner neu entdeckten Grobheit verunsichert habe. Heute allerdings ist meine scharfe Zunge oder mein brütendes Schweigen der Grund, dass meine Familie einen spontanen Wochenendausflug ohne mich arrangiert hat. Vor einem Jahr, auf den Tag genau, blieb mein Herz stehen. Zweimal. Einmal symbolisch und anschließend biologisch. Verdammte Ärzte, hätten sie nach dem dritten Reanimationsversuch nicht aufgeben können? Nun bin ich gefesselt an diesen tristen Plastikstuhl, da meinem Gehirn der Sauerstoff fehlte und auch andere, früher einfache Angelegenheiten sind alleine kaum zu bewältigen. Angewiesen bin ich auf die Empathie meiner Mitmenschen. Rührend werde ich umsorgt, mein Engel lässt mich nie allein. Physisch bin ich unter Menschen und lebe das Leben, das mir geblieben ist. Psychisch dagegen bin ich gefangen in Erinnerungen und Trauer. Tief ist die Dunkelheit in dem unendlich langen Tunnel, dem ich nicht entfliehen kann. Oder will. So oft frage ich mich: Was wäre, wenn? Wenn ich besser Acht gegeben hätte, wenn ich früher aufgewacht wäre. Wäre sie gesprungen? Hätte ich sie retten können? Sie gab sich - schon irgendwie berechtigt - die Schuld an der Entführung. An meiner Pein und doch hätte ich meiner großen Liebe, die auf den bezaubernden Namen Elena hörte, ohne jegliches Zögern vergeben. Doch sie nahm mir die Entscheidung selbstherrlich ab und so muss ich gestehen, haben sich zu der Trauer auch Groll und ein brennendes Gefühl der Verachtung in meinem Herzen eingenistet. So wenig hat ihr unsere blutjunge Ehe bedeutet, dass sie bei der ersten sich bietenden Gelegenheit das Handtuch geworfen hat, beziehungsweise ihren niederträchtigen Körper. Ja, ich weiß, wie unfair und verbittert das klingen mag, so kann ich mich dennoch nicht von diesem Gedankengang lösen. Vielleicht ist das der Grund, weshalb meine Therapie so schleppend bis gar nicht vorangeht. Niemand kennt meine Gedanken. Niemand kennt mich.

Das Ruckeln und Rattern verhallt. Die große, blonde Frau mit dem strengen Dutt und dem akkuraten Krankenhausdress sieht mich fragend an. Augenscheinlich habe ich undefinierbare Laute oder gar wirres Flüstern von mir gegeben. Doch ich will nicht reden, meine Zunge klebt an meinem Gaumen. Trocken wird mein Mund, als ich sehe, dass wir da sind. Vor mir ein steinerner Behälter. Eine Urne. Ihre körperlichen Überreste, die auf dieser gottverdammten Erde verweilen, bis zum Ende ihrer Zeit. Lautlose Schluchzer schütteln meinen mageren, nutzlosen Körper. Einzig die Wärme der zarten Hand auf meiner linken Schulter verhindert einen Zusammenbruch. Sanft drückt sie zu und versichert mir, dass sie da ist. Dass ich diesen Tag überstehen werde. Mein Engel ist für mich da.

Ich erinnere mich noch an den Tag, an dem sie in mein Leben, oder besser in dessen übriggebliebenen Scherbenhaufen, getreten war. „Herr Hellweger, darf ich Ihnen Linda Graf vorstellen? Sie wird sich von nun an um Ihr tägliches Wohl kümmern… Herr

Hellweger!" Vergeblich buhlte der Krankenpfleger um einen Funken meiner Aufmerksamkeit. „Marius, so sprich doch, Kind", brachte meine Mutter krächzend mit schwankender Stimme hervor. Mager war sie geworden. Alt sah sie aus und doch tauchte ich ab in eine fiktive Welt ohne Gefühle. Ohne Schmerzen. Ohne denken zu müssen. In diesem Zustand war ich für Sekunden, Minuten, ja sogar Stunden, nicht ansprechbar. Doch plötzlich umgab mich eine Note. Eine hauchzarte Duftnote von Sonnenschein. Kann man den denn überhaupt riechen? Die Gedanken kamen zurück und ich riss meine Augen auf. „Mama, ich bin hier." Bei diesen Worten fing sie an zu weinen. Erleichtert.

Heute weine auch ich. Und zwar wie ein Schoßhund. Doch umschmeichelt ein warmer Duft meine Sinne und gibt mir ein Gefühl von Sicherheit. Schon fast von Geborgenheit. Tief atme ich ein. Entspanne meine Muskeln, von denen ich nicht gemerkt habe, dass ich sie angespannt hatte. Dann wende ich meinen Kopf und sehe Linda in die Augen. Sie sind so warm durch ihren bernsteinfarbenen Ton und den schokoladenbraunen Akzenten. Ich verliere mich in ihnen. Dann lächele ich. Es ist das erste wahre Lächeln seit viel zu langer Zeit. „Danke, Linda. Du gibst mir Kraft. Du bist mein Engel!"

Anna Forstner, 16 Jahre, BG/BRG Gmunden

Einsames Herz

Einsames Herz
Mach dich weit auf
Richt dich zum Himmel aus
Wird dich erfüllen mit Gesten
Gaben und Zeichen zuhauf
Lass dich begleiten
Im lieblichen Schreiten
Auf göttlichen Pfaden.

Dort hinten am See
Wo bei Vollmond
Das Lachen der Nixen du hörst
Nimm Platz zum Verweilen
Und Ruhen ganz beherzt
Auf dass sie sich heben
Triefend nasskalt drückende Schwaden
Ein Bett aus Moos
Lädt dich fein bereitet ein
Will einen Traum dir schenken
Was du erträumst
Sollst du von Herzen bedenken
Bewacht von Eule
Veilchenduft und mächt´gen Bäumen.

Im langen Gewand
Setz den Fuß in die Zille
Dein Ziel ist die Stille

Mitten am See
Von Zwergen gerudert
Von vielen Lichtlein begleitet
Mit dir eine Fee
Schier endlose Ruhe
Schläfst ein.

Als du erwachst
Vernimmst ein strahlendes Kind
Voller Glück
Dass du kamst
Lächelt dich an
Du es erhörst.

Doris Haffelner

Plastikgedicht

Was liegt da bloß?
Was seh ich da?
Ist das ein Haufen voller Plastik?
Doch da bewegt sich was!
Was kann das sein?
Dann seh ich da
Eine Robbe, verfangen im Plastikmüll
Ringt qualvoll nach Luft
Und wir sind schuld daran!
Was sollen wir tun?
Vielleicht mehr an die Tiere denken
Und sorgsamer mit Plastik umgehen?
Doch was bringt's
Wenn nicht die ganze Welt mitmacht?
Ich will die Welt aufmerksam machen
Und zeigen, welch Leid wir den Tieren antun
Es muss sich was ändern!
Das Klima ändert sich
Es wird immer heißer
Der Plastikmissbrauch wird uns noch zum Verhängnis werden
Generation für Generation
Jeder kennt Plastik
Doch die wenigsten kennen die gefährliche Seite
Plastik wird zu unserem Feind
Doch ist auch kaum noch wegzudenken
Ob Schnuller, Spielzeug oder Handy
Plastik ist immer und überall!
Plastikfasten wäre eine super Idee
Jetzt in der Fastenzeit super zu widerstehen

Denn unser Plastikmüll wird noch in 500 Jahren weitere
Generationen belasten
Viele denken nur an jetzt und heute
Doch wir belasten die zukünftige Generation
Also Hand aufs Herz und kämpft dagegen!
Zusammenhalt ist da sehr wichtig
Und Plastikfasten wird zum Trend
Du bist nicht „hip" mit einer Plastiktasche
Denn die Coolen tragen Stofftaschen.

Eva Kasparet, HAK Bad Ischl
Aus der Klasse der Frau Professor Alexandra Auhuber

Fallende Dunkelheit

Die Erde ergraut, die Nacht liegt in Trauer
Die Luft ist durchdrungen von feindlichem Schauer

Die Sternengesichter, verzerrt sie erscheinen
Als würden sie in sich mit dem Bösen vereinen

Der Wald hängt sich um sein schwarzes Gewand
Kein Laut ringsum, verstummt ist das Land

Doch sieh
Der Mond hebt sich über den felsigen Kamm
Den fröstelnden Sternen
Reicht er seinen wärmenden Arm

Schon zeigt sich von Osten ein flackernder Schein
Die Finsternis schwindet ins Leere hinein

Es lichtet sich auf in dem unweiten Haag
Freundlich gestimmt grüßt der jung geborene Tag.

Petruta Ritter

Feuer

Du bist wie das Feuer in meinem Herzen!
Du leuchtest und strahlst
Wie die Sonne auf dem blauen Himmel
Anderen wie mir schenkst du dein Licht
Wenn es dunkel ist dann können wir funkeln
Wie die Sterne in der Nacht.

Wie das Feuer in meinem Herzen
Gehst du auf und schenkst uns Wärme
Die wir brauchen.
Wie das Feuer, brennst du leidenschaftlich
In deinem Leben.

Eva-Maria Pesendorfer, Altmünster

Frei

Was für ein Tanz
Wenn Sonnenglanz dich führt
Dich drehen lässt
Und schweben
Ganz leicht dich in Bewegung setzt
Weite Schritte gehen lässt
Erhebst dich über Raum und Zeit
Lässt sein den Schmerz
Legst ab das Leid
Wiegst dich in wahrer Liebe
Spürst deine Fesseln von dir gehen
Was mit dir tanzt
Nimmst es ins Herz
Schatten und Licht
Erfüllst dein Sein
Bist frei
Geliebt
Es ist der Tanz des Friedens.

Doris Haffelner

Freiheit

Im Schatten des verborgenen Sonnenlichtes
Der Gesang der Natur hinter den Bergen
Geheimnisse der Natur und der Seele
Duft der Freiheit, der Wind gibt mir Flügel
Der Duft sticht mir in die Nase
Schwebe im Leben über dem Wasser
Über die Berge hinweg, hinaus in die Freiheit.

Eva-Maria Pesendorfer, Altmünster

Weihnachtsgeschichte

Weihnachten! Schöne, frohe Weihnachten! Noch nie hatte ich ein so schönes Weihnachtsfest. Ja, es gab auch früher schöne Bäume, der Schmuck, den ich von meinen Großeltern geerbt habe, ist immer noch derselbe. Aber heuer ist etwas Entscheidendes anders: Eine Frau steht mit mir vor dem Christbaum, so schön in ihrem goldfarbenen Kleid mit ihrem zarten Nacken und ihren süßen Ohren. Noch vor zwei Monaten hätte ich davon nur träumen können. Da war ich noch alleine, manchmal trübsinnig und habe die Frau aus dem gegenüberliegenden Haus angeschmachtet. Wenn ich nur daran denke, erscheint es mir unglaublich, dass diese Frau jetzt hier ist.

Und da ist auch ein Geschenk für mich unter dem Weihnachtsbaum. Es ist groß, so ca. 1 mal 1 Meter und fest – was kann das wohl sein? Ich packe es ungeduldig aus und zerreiße dabei das schöne Geschenkpapier – und dann halte ich die Luft an. Das gibt es doch nicht! Ich habe meiner Liebsten vielleicht zwei Mal von ihr erzählt, dass ich sie als Bub hatte und sie beim dritten Italienurlaub kaputt gegangen ist. Und jetzt? Da liegt SIE vor mir: eine rote, zusammengefaltete Luftmatratze und darauf ein Zettel mit der Aufschrift „Mitzunehmen in den nächsten Italienurlaub". Ein so schönes Geschenk habe ich noch nie erhalten und ich freue mich jetzt schon auf den Urlaub mit meiner tollen Freundin, gemeinsam auf der roten Luftmatratze in der Adria.

Gernot, Gmunden

Glückssee

Bist auch mein See des Glücks geworden
War viel zu streng mit dir und mir gewesen
Hab dir gesagt, dass du zu kalt, zu dunkel
Grün und viel zu tief.

Und deine Berge, die dich unmittelbar begrenzen
Sie seien zu hoch, zu steil, zu karg
Machen mir Angst, engen mich ein
Und nehmen mir die Sicht
Auf Freiheit, Weite, lustvoll gelebtes Leben.

Mit liebevollem Blick auf dies vergangene Empfinden
Darf ich dich heute leuchten sehen
In deinem wunderbarsten Grün – bist ein Smaragd
Der funkelt, ruhig macht, kühlt und Hoffnung schenkt.

Die stolzen Gipfel, die dich umgarnen
Wie konnt ich sie nur hart und düster sehen
Ermöglichst du doch erst das schönste Rosarot
In dem sie abends oft erstrahlen
Und mir die große Weite schenken
Die in mir drin
Die ich so lang ersehnt.

Doris Haffelner

Hör hin

So fühl dich ein
In deines Körpers Kraft und Leid
Spür hin
Vernimm sein Wohl und Weh
Lass zu, nimm wahr
´S darf alles sein
Hör hin
Er dir´s erzählt
Ist deiner Seele wundersames Kleid
Und all die Szenen, Bilder
Erkenn sie an
Sag ihnen ja
Aus deinem tiefsten Herzen
Beatme und erkenne dich
An dem was ist, was war
Wo Dunkel, Schwere, Trauer
Da segne
Sage Dank
Sei frei von allen Schmerzen
Lebe dich und liebe dich
Ganz, wie du bist
Erschaff dich neu
Jeden Moment
In seinem Licht.

Doris Haffelner

Happy Aging statt Anti Aging

Die Lebenserwartung steigt.
Wir haben vom Alter ab 60 wenige Vorstellungen und Vorbilder, wie wir diese Zeit von 20 oder mehr Jahren für uns sinnvoll gestalten können, damit unser Leben gelingt. Das Bild vom Alter ist durch die Beschreibung der Defizite bestimmt. Dagegen stellt sich die Anti Aging Bewegung, die „fit forever" fordert und den natürlichen Alterungsprozess zu bekämpfen sucht.
Statt mit einen großen Teil unserer Energie gegen das Altern anzukämpfen, sollten wir besser in die Persönlichkeitsentwicklung zur **Altersfreude** investieren.
Jede Lebensphase hat ihre eigenen Einladungen und Aufgaben. Keine ist besser oder schlechter. Die vierte Lebensphase – die Zeit nach Kindheit, Jugend und Berufstätigkeit/ Familienarbeit, ist - statistisch gesehen - etwa so lang wie früher ein ganzes Menschenleben. Mit der vierten Lebensphase ab 60 verbinden wir aber wenig einladende, lebensfreundliche Vorstellungen und Ziele. Die Aufgaben und Möglichkeiten sind nicht so selbstverständlich wie in den anderen Phasen, in denen wir besser wissen, was das Leben gelingen lässt. Wie ist es in der Zeit nach der Berufstätigkeit und dem Erwachsenwerden der Kinder?
Es tut gut, über diese lange Zeit nachzudenken, damit wir wissen, welche Türen sich hier, und nur hier, für uns öffnen und welche wir gerne schließen und die Verantwortung an die Jüngeren abgeben können.

Zeitwohlstand

Mit dem Ende der Berufstätigkeit und Familienarbeit fällt die Struktur und Organisation der Tage weg. Ohne diese Struktur ist die freie Zeit aber nicht gleichzeitig Freizeit. Daher ist es notwendig, sich auf die Suche zu machen nach den eigenen, noch nicht gelebten Visionen und Wünschen. Ich sehe es als Aufforderung noch einmal zu leben.

Wir sind dazu aufgefordert, in diesem, unseren Leben Sinn zu finden. Sinnleere erzeugt Depressionen, existentielles Leiden, ein Leiden am Leben. Da wir schon ein Stück vom Leben hinter uns haben, gilt es, sich auf sich selbst zu besinnen und auch die anstehenden Aufgaben für uns zu erkennen.

In jedem von uns lebt ein Bild von uns selbst, das darauf wartet erkannt zu werden und endlich leben zu dürfen. Du bist viel mehr... dieses Zitat von Prof. Uwe Böschemeyer setzt die Hoffnung frei, die kommenden Jahre mit Neugier und Offenheit zu betrachten.

Mein Zugang zu lösungsorientiertem Bearbeiten von Lebenskrisen und Problemen ist die Logotherapie und Existenzanalyse von Viktor E Frankl. Basierend auf der Tiefenpsychologie Sigmund Freuds und der Individualpsychologie Alfred Adlers hat Viktor Frankl die Logotherapie entwickelt. Logos = Sinn.

Im Menschenbild Viktor Frankls ist Körper, Seele und Geist eine Einheit. Der Körper trägt, die Seele erlebt und empfindet, der Geist gestaltet.

Der Mensch besitzt die Freiheit des Willens, den Willen zum Sinn und kann durch diese Freiheit der Entscheidung zum Sinn des Lebens gelangen.

Untrennbar ist die Freiheit mit der Verantwortung verbunden.

Gutes Leben ab 60 erfordert neue Aspekte. Zu diesen kann man gelangen, wenn man nach Vorbildern Ausschau hält. Es gibt so viele großartige Menschen, die auch in ihren späten Lebensjahren die Begeisterung für das Leben behalten. Da der Geist nicht an den Körper gebunden ist, altert er nicht und findet in jeder Lebensphase neue Ausdrucksformen.

Keine Lebenszeit ist besser als die andere, weil nie die Zeit, sondern die Einstellung zu ihr entscheidet, ob das Leben gelingt oder nicht. Stetige Weiterentwicklung der Persönlichkeit, überprüfen, ob ich wirklich so bin, wie ich sein will und das Weitergeben der eigenen Werte an die Jüngeren, sind eine erfüllende Aufgabe. Dazu kommt die Verantwortung, den nachfolgenden Generationen ein gutes Leben zu ermöglichen.

Ausblick, Perspektiven
In der vierten Lebensphase öffnet sich die Tür zum Wohlstand, der kein „Ruhestand" ist, sondern Zeitwohlstand, Selbstbestimmungswohlstand, Erfahrungswohlstand, Beziehungswohlstand und Wissenswohlstand bedeutet. Es ergeben sich durch diese geänderte Betrachtung der neuen Lebensbedingungen bereits neue, vielfältige Ansatzpunkte für die Lebensgestaltung.

Sanfte Veränderungen und Kurskorrekturen sind in dieser Phase gefragt. Dies ist möglich und dies zu wissen macht Mut, Neues zu beginnen und Wünsche, die uns bereits im bisherigen Leben begleiteten, zu realisieren. Dabei ist es wichtig, die eigene Identität zu bewahren: wissen, wer man ist und was einem immer wichtig war im bisherigen Leben.

Die demografische Veränderung mit der höheren Lebenserwartung bringt die erfreuliche Tatsache mit sich, dass in vielen Familien jetzt vier Generationen sich des Lebens erfreuen. Oma hat gerade ihren 97. Geburtstag gefeiert. Der Sohn ist 73 und topfit. Der Enkel mit 39 Jahren erfreut sich seiner Tochter, die gerade 3 Jahre wurde. Im Berufsleben steht jedoch nur der Enkel. Ohne umfassend zu rechnen, ergibt sich aus dieser Situation ganz klar die Aufgabe, für die Generation der Großeltern und die nachfolgenden Generationen Verantwortung zu übernehmen. Hier geht es um den Beitrag sowohl im Materiellen als auch um lebensfreundliche, menschliche Bedingungen. Hier ist die Vermittlung von Werten wie Güte, Gelassenheit und Vertrauen gefragt.

Diese Verantwortung gilt auch für alleinstehende Menschen, die in ihrer unmittelbaren Umgebung ebenso gut wirken können. Darüber hinaus ist die Veränderung der Lebensbedingungen eine große Herausforderung, gemeinsam das Leben zu meistern.

Eine wesentliche Aussage Viktor Frankls stellt die Anforderung klar: *Das Leben selbst ist es, das dem Menschen Fragen stellt. Er hat nicht zu fragen, er ist vielmehr der Befragte, der dem Leben zu antworten – das Leben zu verantworten hat.*
Diese Aufgabe kann nur durch die ständige Weiterentwicklung der eigenen Persönlichkeit erreicht werden. Mut, Begeisterung und Lebensfreude sind Werte, die zu einem gelingenden, erfüllten Leben

führen. Es kommt darauf an, ob wir uns vom Leben berühren lassen oder nicht. Ob wir unsere Freiheit zur Entscheidung nutzen oder nicht. Ob wir richtig *leben* wollen oder nicht.

Am Horizont jedes menschlichen Lebens wartet der Tod. Er ist die Bedingung der Möglichkeit der Sinnerfahrung für sinnvolles Leben in der gegebenen Zeit.

Unsere Zeit ist begrenzt. Darum ist es umso dringlicher, mit dieser, unserer Zeit achtsam umzugehen und in dieser, unserer Zeit zu leben. Mit Uwe Böschemeyer möchte ich sagen können: *Ich habe die Sterne gesucht und den Menschen nebenan. Ich habe das Glück gesucht und das Unglück nicht verachtet. Ich habe Gerechtigkeit gesucht und bin unter der Ungerechtigkeit nicht bitter geworden. Ich habe die Liebe gesucht und bin ihr auch begegnet. Ich habe die Weisheit gesucht und habe ihren Saum gesehen. Ich habe Gott gesucht und er hat mich gefunden. Wenn es zu Sterben geht, möchte ich sagen können: ich möchte wieder zum Leben kommen.*

Am Ende des Lebens erfüllt, <u>sein eigenes Leben</u> gelebt zu haben.

Jede Lebensphase hat ihre eigenen Schwierigkeiten und ihre eigenen Möglichkeiten. Jede Phase hat daher ihren eigenen Wert. Keine ist besser als die andere, keine birgt mehr Glück in sich und keine mehr Unglück, weil nie die Zeit, sondern nur die Einstellung zu ihr darüber entscheidet, wer man ist und wie man lebt.

Offen für diese vierte Lebensphase ist nur der, der Abschied nimmt von dem, was war, der das Alte loslässt und sich auf das Neue einlässt.

Diese kostbare vierte Lebensphase sollte geprägt sein von der Suche nach dem Sinn des Lebens. Die Weisheit des Alters kommt nicht mit den Jahren, den Saum der Weisheit können wir durch ein stetiges Bemühen erahnen. Werte wie Dankbarkeit, Demut, Geduld, Güte, Gelassenheit, Achtsamkeit, Weitherzigkeit und Heiterkeit können die Lotsen zur eigenen Persönlichkeit werden.

Zum Abschluss noch einige konkrete Denkanstöße:
Gelungene Veränderungen anschauen und würdigen.
Destruktives, Misslungenes nach „Zuviel" untersuchen.
Überzogene Sparsamkeit nennt sich Geiz.
Erreichtes wertschätzen und dafür dankbar sein.
Das erworbene Wissen als Ressource und Kraftquelle für die nächsten, guten Entwicklungsschritte nutzen.
Selbstsorge: Seine Leistungsfähigkeit und Belastbarkeit richtig einschätzen, Hilfe annehmen und dankbar sein für die erhaltene Hilfe.
Besseres Geben und Nehmen. Jeder braucht etwas und jeder hat etwas zu geben. Den Wohlstand klug teilen. Klug geteilter Wohlstand macht alle Beteiligten reich.
Sich gegenseitig das Leben leichter machen.

Diese Worte von *Rose Ausländer* berühren mich immer wieder:
Seinen Ort finden
In den Tag gehen
Den Dingen nicht ausweichen
Jedes an seinem Ort
Es heißt – seinen Ort finden

Magdalena Vogler, Gmunden

Herbstmelancholie

Einsam steht die alte Buche
Auf dem langgezogenen Feld
Ihre Zweige sommermüde
Wiegen sich vom Wind bewegt
Hörst du nun wie leises Raunen
Stöhnend durch die Lüfte geht ohne Ziel
Am Hang das Gras in der Abendstille weht.

Auf der braungebrannten Erde
Nur vereinzelt eine Blume öffnet sich
Vom hohen Berge hallt
Zum Tal Spätherbstes Stimme
Ach, noch nie warst du, mein Herz
So schmerzlich in deinem Fühlen
Bis ins Innere durchflutet
Von schwermütigen Gefühlen.

Nun verstummt sind Vogellieder
Und die Erde ruht am Grunde
In der kargen Sommerwärme
Es beglückt uns jede Stunde
Einsam mit verklärten Blicken
Schaust du, wie vergilbtes Laub
Zögernd fällt auf feuchte Erde
Um zu enden in dem Staub.

Doch manchmal um uns der Garten
Wenn auch versehrt in seiner Pracht
Bevor er ins Versinken gleitet
Verstohlen uns entgegen lacht.

Und lässt ein bisschen Wärme strömen
Durch seine wohltuenden Hände
Wie schön es wär, wenn dieser Zauber
Auch den Weg zu dir er fände.

Petruta Ritter

Ich pflücke ein Gedicht

Ich pflücke schweigend ein Gedicht
Aus des Herbstes fahlem Licht
Aus seinen milden Tagen
Aus dem satten Duft der Blumen
Aus dem müden Bienensummen
Und aus des Laubes Klagen.

Ich pflücke ein Gedicht aus Feldes Gaben
Aus der Gartenfrucht und aus dem Ruf der Raben
Auch aus der Einsamkeit
Und lass es auf meine Sinne wirken
Getrost im süßen Traum versinken
So entkomme ich der rauen Lebenszeit.

Petruta Ritter

Klang

Der Klang des Herzens
Die Stille der Seele
Die Gefühle des Lebens
Die Liebe aus dem Universum, die uns umarmt
Aus Stille entsteht Klang
Aus Klang entstehen Gefühle.

Atme tief ein, die Luft der Natur
Die uns Leben schenkt
Spüre die Tiefe in deinem Körper
Der eins ist und vollkommen
Mit diesem Leben, hier auf der Erde
Vollkommen mit dem Sein
Hier entstehen der Klang unserer Herzen
Und die Stille unserer Seelen.

Eva-Maria Pesendorfer, Altmünster

Knospe der Zuversicht

Verliert der Mut
Dein pochendes Herz
Ach, stöhnst du schon
Unter lastendem Schmerz
Keine Stimme ruft
Nach dir
Keine rettende Hand
Holt dich aus dem Gewirr
Verzweifelte Gedanken
Die Spinne der Angst
In ihrem Netz gefangen
Um dein Leben du bangst.

Steh auf! Horch!
Wie eine sanfte Brise
Durch noch karges Geäst
Durch frisch keimende Wiese
Ein Lied bringt herbei
Die Hoffnung lebt
Und mit ihr die Zuversicht
Erhebe dich!
Zögere nicht!
Selbst die klirrende Kälte
Übersteht die Knospe der Zuversicht.

Petruta Ritter

Kostbares Geschenk

Kostbares Geschenk - ein strahlender Tag
Aus dem Nebelkleide entstiegen
Wo Tränenfeucht schlummernd er lag
Nun der Welt lächelnd winkt
Aus Sonnenlicht trinkt
Äste im Winde sich biegen.

An der Schwelle des Abends: schönste Gedanken
Dein Dasein berührt– rundum ist es still
Nichts bringt deinen Frieden ins Schwanken
Die nahende Nacht
Wie schweigsam sie macht
Der steigende Mond hebt der Herbstnacht Idyll.

Sternengefunkel erhellt den träumenden Geist
Die Sehnsucht schickst du auf einsame Reise
Um dein Ruhelager, schwebend, die Erinnerung gleißt
Die Jugendzeit wie nah und reich sich zeigt
Sinnschwere Stirn sich verneigt
Kostbare Gabe eines Traums
Beglückt dich auf seltsame Weise.

Petruta Ritter

Kuraufenthalt in Bad Goisern

Endlich hatten wir ihn: den Schein, der uns eine Bewilligung der Kur übermittelte. Mein Mann und ich waren gespannt, wohin es gehen sollte: dann Bad Goisern. Na ja!
Aber schon bei der Hinfahrt mussten wir feststellen, dass es gar nicht so schlecht aussah.
Wir fuhren dem Hinweis "Hanuschhof" nach. Ab vom Zentrum, zum hinteren Teil von Goisern. Neugierig waren wir schon, was uns an unserem Ziel erwarten würde. Es schien fernab in die Einsamkeit zu gehen und so war es auch. Mächtig viel Wald auf der linken Seite und ein Fluss, die Traun, rechterhand. Doch plötzlich da lag es vor uns - das Kurheim. Eingebettet in einer großen, gepflegten Parkanlage mit Spazierwegen und gemütlichen Bänken zum Verweilen und Rasten. Von außen etwas ältlich, von weitem eine Art Jagdschloss mit einem wirklich alten Baumbestand.
Das war schon sehr anheimelnd. Wir durften mit dem Auto sogar bis zum Eingang des Kurheimes fahren. Da standen schon die netten Hausburschen, die uns beim Ausladen der schweren Koffer behilflich waren. Bei der Anmeldung konnten wir feststellen, dass das Personal einschließlich der Ärzte sehr freundlich war. Nach einer kurzen Einführung wurden wir aufs Zimmer entlassen. Oben im 3. Stock angelangt, schnell noch einen Blick von unserem Balkon gemacht, zeigte uns dieser wahre Wunder. Den Dachstein mit schneeweißer Haube und das imposante Ramsaugebirge. Du herrliche Natur! Das Tirilieren verschiedenster Vogelstimmen aus dem Park drang bis herauf in unser Zimmer. Große Begeisterung

unsererseits! Jetzt beeilten wir uns mit dem Auspacken der Koffer, denn um halbzwölf mussten wir zum Essen erscheinen. Auf Pünktlichkeit wurde viel gehalten. Wir bekamen einen netten Vierertisch beim Fenster zugewiesen. Eine Überraschung gab's noch: dass wir denselben mit einem sympathischen, jüngeren Ehepaar aus Oftering bei Linz teilen konnten. Wir durften unter vier Gerichten wählen und waren somit sehr zufrieden. Später wurden uns die Therapiepläne für die erste Woche ausgehändigt und jede Person bekam zusätzlich acht Marken für Kaffee und Kuchen geschenkt. Wir hatten das Glück, dass unsere diversen Behandlungen nicht zu früh am Morgen begannen, so konnten wir vorher noch ganz gemütlich unser Frühstück vom Buffet einnehmen. Am Nachmittag, wenn es die Zeit erlaubte, hielten wir uns gerne in der gemütlichen Bibliothek auf. Lesestoff gab es da genügend, auch die aktuellen Tageszeitungen. Oder aber wir saßen im kleinen Hauskaffee bei Gesprächen mit anderen Kurgästen. Verschiedene Male blieb uns noch Gelegenheit und Zeit für kleinere und größere Spaziergänge, denn um achtzehn Uhr musste man wieder pünktlich zum Abendessen anwesend sein.

Und so verlief in etwa auch unsere zweite und dritte Kurwoche. Der Rhythmus blieb ähnlich.

Man glaubt es nicht, aber so verging unser dreiwöchiger Aufenthalt wie im Flug und wir mussten leider wieder ans Einpacken denken. Die schöne, erlebnisreiche und erholsame Zeit im "Hanuschhof" in Bad Goisern, im schönen Salzkammergut, hatte ihr Ende gefunden.

Renate Wegleitner, Pinsdorf

Kurzgeschichte

Immer wieder und immer wieder hebe ich meine müden Füße aufs Neue und stapfe durch den tiefen Schnee. Der starke Wind wirbelt mir die kalten Eiskristalle direkt ins Gesicht. Wie kleine Nadelstiche fühlen sich die Schneeflocken an meinen kalten Wangen an. Tränen der Verzweiflung laufen mir übers Gesicht. Meine kleine Schwester Rose und ich waden nun seit Stunden durch die verschneite Wiese auf der Suche nach einer zumutbaren Bleibe. Unsere Mutter hat gesagt, wenn wir auf der Lichtung ankommen, müssten wir noch etwa eine halbe Stunde Richtung Wald gehen und dort würden wir eine kleine Hütte finden.
Bereits seit gefühlten 5 Stunden, ich weiß es nicht genau, denn ich habe jegliches Zeitgefühl verloren, bahnen wir uns einen Weg durch den tiefen Schnee, doch weit und breit ist keine Hütte zu sehen. Vielleicht ist unser ersehnter Schlafplatz von den Schneemassen verdeckt. Durch das leise Wimmern meiner kleinen Schwester werden meine Gedanken unterbrochen. Ich drehe mich um zu ihr und sehe das 8-jährige Mädchen mit besorgtem Gesicht an. Ihre leicht eingefallenen Wangen gehen durch die Eiseskälte von Rot in Blau über. Immer wieder kullern ihr Tränen übers Gesicht. Jetzt schluchzt sie laut: "Ich kann nicht mehr! Meine Füße sind schon so müde. Wie weit ist es noch?" Ich stapfe zurück zu ihr und nehme das kleine, erfrorene Mädchen in die Arme und wiege sie hin und her. „Siehst du, wie nah der Wald schon ist? Nur noch bis dahin, dann haben wir es geschafft."

Mit neuer Hoffnung rappelt sich Rose wieder auf und wir setzen unseren Weg fort.

Am Waldrand angekommen, ist nicht annähernd so etwas wie ein Unterschlupf zu finden. Panik macht sich in mir breit, denn langsam wird es dämmrig. Panisch schaue ich mich um, blicke in die Ferne, doch nichts springt mir ins Auge. Wir laufen im Dämmerlicht durch den Wald, doch nichts zu sehen. Langsam bricht die Nacht herein. Völlig außer Atem lassen wir uns unter einem Baum nieder. Rose lehnt sich an mich an. Meine Augen werden schon ganz schwer und es befällt mich eine derartige Müdigkeit, wie ich sie noch nie verspürt habe. Immer wieder fallen mir meine Augen zu, doch durch ein Knaxen im Wald werde ich wieder zurückgeholt, in die Realität.
Plötzlich springt Rose auf und schreit völlig überwältigt: "Da oben! Am Baum! Siehst du das Baumhaus?!" In diesem Moment danke ich, wem auch immer, dass er unser Leben gerettet hat, denn im kalten Schnee, wären wir erfroren. Wir laufen zu dem Baum hin und klettern zu unserer Herberge hinauf. Rose zuerst. Oben bin ich so überwältigt von unserem Glück und atme erst mal tief durch. „Danke!", flüstere ich leise immer und immer wieder vor mich hin. Wir breiten unsere Decken aus, kuscheln uns ganz nah aneinander, trinken den heißen Tee, den uns unsere Mutter zubereitet hat, und mampfen unsere wohlverdiente Jause. Plötzlich fällt Rose das Brot aus der Hand, und wie ich sie ansehe, sind ihre kleinen Augen schon geschlossen. Ich gebe ihr einen Kuss auf die Stirn, und drücke sie fest an mich. Sie sagt mit flüsternder Stimme noch „Gute

Nacht" oder sowas in der Art. Ich packe unsere Jause wieder ein, denn wir brauchen auch noch was für den morgigen Tag. Ich lege meinen Kopf ganz nah zu Rose, und falle in einen traumlosen tiefen Schlaf - bis die ersten Sonnenstrahlen, meine Nase kitzeln.

Ingrid Fuchs

Migrant im eigenen Land

Ich kam auf diese Welt
Ich war auf einmal da
Keiner konnte mit mir so recht was anfangen
Keiner wollte mich
Hab ich geglaubt, war meine Idee
Von Anfang an war ich einmal hier und einmal dort
Immer wieder von meinen Eltern fort
Kaum glaubte ich, da bin ich zu Haus
War es auch schon wieder aus
Nach Vater, Mutter, Nachbarin
Kam ich wieder wo anders hin
War hier, war dort, war immer fort
Weit weg von mir
Die Angst, wo werd ich morgen sein?
Bin ich da wieder ganz allein?
Die trieb mich ständig hin und her
Manchmal konnt´ ich gar nicht mehr!
Für so ein "Menschlein" war es schwer!
Da hab ich bald erkannt

Mit Lachen kommst du gut durchs Land
Du wirst geliebt, hab ich geglaubt
Und hab gelacht, meist ganz laut
Doch wies in meinem "Inneren" ausschaut
Was sich da zusammenbraut
Dafür ist keine Zeit geblieben
Weil es hat mich sehr getrieben
Ich war beschäftigt, mich stets anzupassen
Ich wollt, man könnte sich auf mich verlassen
Doch es gelang dies auch sehr schwer
Denn es trieb mich hin und her
Bis ich gelandet in einer Ehe
Dort hielt ich fest
Über 30 Jahre, es war mein Nest
Doch dann bin ich ausgestiegen
Weil immer hat es mich getrieben
Mich treibt es noch
Doch schön langsam weiß ich wer ICH bin
Egal, ob hier, da oder dort
Egal, ob Fremder, Migrant, Ausländer, Inländer
Egal der Ort!
Ich bin die Isabella, nicht mehr so weit von mir fort
Sind wir nicht alle auf irgend eine Art und Weise
Migranten?

Isabella Karner, Altmünster

Neuer Familienzuwachs

Es ist ein schöner, sonniger Tag und deshalb beschließe ich, am Strand spazieren zu gehen. Ich mache die Haustür auf und die Sonne strahlt mir ins Gesicht. Mit einem Lächeln gehe ich runter zum Strand. Ich spüre die kleinen Sandkörner an meinen Fußsohlen. Da ich an einem abgelegenen Ort wohne, bin ich ganz alleine. Ich gehe näher ans Meer, bis meine Knöchel mit salzigem, lauwarmen Wasser bedeckt sind. Ich bücke mich und hebe einen glitzernden Stein aus dem Wasser. Er ist wunderschön. Ich kann mich gar nicht sattsehen. Ich spaziere den Strand entlang. Plötzlich höre ich ein Quietschen. Ich sehe mich um, doch entdecke nichts. Es wird immer lauter. Ich gehe weiter und finde eine Möwe, die droht zu ersticken. Ich gebe mein Bestes, um ihr zu helfen. In allerletzter Sekunde gelingt es mir. Ich halte ein Stück Plastik in meiner Hand. Die Möwe muss es für Nahrung gehalten haben. Sie ist sehr erschöpft, aber nicht ängstlich. Das verwundert mich. Möwen sind eigentlich scheue Tiere. Doch ich spüre, dass sie mir dankbar ist.

Als sie nach 5 Minuten immer noch nicht auf den Beinen ist, entscheide ich mich dafür, die Möwe mit nach Hause zu nehmen.

Ich hebe sie vorsichtig auf und transportiere sie sanft nach Hause. Bei mir angekommen, mache ich ihr ein Nest aus Polster und Heu. Ich versuche Essen für sie zu finden, doch ich weiß nicht, was Möwen fressen. Da ein guter Freund von mir im Zoo arbeitet, rufe ich ihn an. Ich erkläre ihm die Situation und er schlägt vor, die Möwe zu untersuchen. Sofort mache ich mich auf den

Weg. Ich packe Marvin, so nenne ich die Möwe, in einer Transportkiste, die eigentlich für Katzen gedacht war.

Bei Leo angekommen, tastet er Marvin gründlich ab. „Sein Bauch fühlt sich komisch an, ich werde ihn röntgen." Ich mache mir schrecklich Sorgen um Marvin. Als Leo fertig ist, zeigt er mir das schockierende Bild. Sein ganzer Bauch ist gefüllt mit Plastik, alle Arten von Plastik.
Leo bietet mir an, Marvins Magen auszupumpen, das dauert aber 3 Tage. Ich stimme zu, doch mit einem unguten Gefühl. In dieser Zeit drehen sich meine Gedanken nur um Marvin.

Am dritten Tag, am frühen Nachmittag, meldet sich Leo endlich.
„Es ist alles in Ordnung. Er hat es gut überstanden", teilt er mir mit. Es fällt mir ein Stein vom Herzen. Ich nehme ihn auf den Arm und streichle ihn. „Er ist noch sehr jung und wird seine Mutter verloren haben. Er sieht dich jetzt als neue Mutter", sagt Leo. Ich bin seine neue Mutter? Gefällt mir. Da ich keinen Freund habe, habe ich auch keine Kinder und lebe allein. Das Gefühl, jemanden zu haben, der deine Nähe braucht, ist wundervoll. Ich habe zwar einen Hund, aber er ist mehr mein bester Freund als mein Kind.
Ich trinke mit Leo noch Tee und dann begebe ich mich wieder zu Marvin. Da ich Angst habe, mein Hund Lou könne Marvin etwas antun, habe ich die Möwe bis jetzt von ihm ferngehalten. Doch nun bin ich der Meinung, dass sie bereit sind, sich kennenlernen zu können. Ich gehe in den Raum, in dem ich Lou untergebracht habe.

Ich öffne die Tür und Lou stürmt sofort los. Sie schnuppert an Marvin. Ich beiße mir auf die Lippe, weil ich so nervös bin. Ich habe Angst, Lou könnte Marvin etwas antun. Doch zu meiner großen Freude verstehen sie sich gut. Marvin ist eine sehr mutige Möwe. Ich bin froh, dass sich die beiden gut verstehen.
Ich hatte überlegt ob ich Marvin in den Zoo bringen soll. Aber er gehört schon zur Familie, ich gebe ihn nicht mehr her.

Nicole Höll

Plastik

Ob im Büro oder zu Haus
Plastik ist uns allen ein Graus
Es mag vielleicht ganz praktisch sein
Doch in Wirklichkeit ist's nicht so fein
Die Entsorgung ist uns allen egal
Die Folgen dadurch sind fatal
Egal ob Plankton oder Wal
Außer dem Aal, dem ist's egal
Natürlich war das grad ein Scherz
Auch dem Aal dem geht's ans Herz

Und die Moral von der Geschicht'
Rosen sind Rot, Veilchen sind Blau
Plastik ist schädlich, das weiß ich genau
Christoph Adrian, HAK Bad Ischl
Aus der Klasse von Frau Professor Alexandra Auhuber

It's a plastic world

Ich kam auf die Welt
Du warst in meiner Nähe

Dann kam ich in die Schule
Auch da warst du bei mir

Ich lernte mit dir
Das Zeichnen, Malen und Schreiben

Doch jetzt frag ich mich
Wie wird mein Leben ohne dich wohl werden?

Plastikgedicht

Plastik, Plastik
Du bist überall

Plastik, Plastik
Auch bei mir

Plastik, Plastik
Die Tiere leiden wegen dir

Plastik, Plastik
Doch wir können nicht auf dich verzichten.

Johanna Verdil, HAK Bad Ischl
Aus der Klasse von Frau Professor Alexandra Auhuber

Rezept zur Verschmutzung unseres Planeten

Für ein gutes Rezept braucht man am Anfang ein gutes Konzept:

Vermische Erdöl und Erdgas mit Chemie
Dazu brauchst du nicht mal ein Genie!

Übrig bleibt ein Lackerl
Daraus macht man Plastiksackerl

Weiter geht die Reise
Auf unbekannte Weise

Plastiksackerl hin und her
Am Ende landet es sowieso im Meer

Der Magen vom Fisch ist leer
Da fliegt ein Plastiksackerl her

Die Sackerl werden immer mehr
Den Fischen gefällt das sehr

Sie glauben, dass das was zum Fressen wär
So ist der Magen nicht mehr leer

Bestellt beim Kellner
Landet der Fisch dann auf dem Teller

Stefan Höll und Jürgen Pintar, HAK Bad Ischl
Aus der Klasse von Frau Professor Alexandra Auhuber

Ums Haus wird's schon dämmrig
Der Schnee fällt auf die Erd, leis und lind
Drinnen in der Stuben, in der Wiege
Schläft friedlich des neugeborene Kind.

A junge Frau, die Mutter, daneben
Bis zur Erschöpfung hat sie alles gegeben
Mit all ihrer Kraft fürs neue Leben
An so einem Tag ein Kind zu gebären
Das ist ein besonderer Segen.

Sogar jetzt im Schlaf
Liegt Glück und Freud auf ihren Wangen
Nichts mehr ist blieben
Von dem ängstlichen Bangen.

Das Kind ist ganz gesund
Mehr darfst nicht verlangen
Was jetzt kommt
Des ist ihr´ Pflicht
Und sie weiß, der Weg ist lang
Das Kind zu erziehen
Zu an Menschen
Mit einem aufrechten Gang.

Ein junger Mann, der Vater
Tritt leis in die Stuben
Er könnt laut schreiend jubilieren
vor Freud über sein Buben
Nie ist ihm seine Frau schöner vorkommen
Am liebsten hätt er sie jetzt gleich
Ganz fest in die Arme genommen.

Er lasst sie schlafen, geht wieder hinaus.
Tragt eine Schaufel voll Glut
Durch den Stall und durchs Haus
Alle Ängste und Sorgen vom vergangenen Jahr
Die räuchert er gründlich aus.

Die zwei Kinder und die Großmutter geh´n mit
Die Oma hat ans Leben heut keine einzige Bitt
Nur danken will sie, fürs neugeborene Glück.

Dann tretens in die Stuben
Da ist es still und ganz warm
Die Großmutter nimmt die Kinder in Arm
Sie erzählt dem Buben und dem Mäderl
Die ganze Weihnachtsg´schicht.

Der Vater geht in nahen Wald
Der Baum gehört noch g´richt
Dann versorgt er das Vieh
Spät kommt er in die Stuben
Jetzt ist erwacht die Mutter mit ihrem Buben.

Die Oma kocht heut das Weihnachtsessen
Noch nie, so scheints
Hat die Familie mit größerem Appetit gegessen
Dann werden die Kerzen am Baum angezunden
Das Mäderl hat unter den Zweigen
Ihr Packerl schon gefunden
Ein Schal ist drin
Warme Socken und eine Hauben
Fürn Lausbuben in an Käfig
A schneeweiße Tauben.

Der gfreut sich oiswie und lacht
Damit hat ihm des Christkindl
A besondere Freud bracht.

Dann stimmen sie das Weihnachtslied an
Über die Wangen der jungen Frau
Streichet ganz zart ihr Mann
Die Großmutter wendet sich der Wiege zua
Ganz ruhig und aufmerksam, so scheints
Lächelt der kleine Bua.

Ganz sicher sinds die Eltern
Es wird alles gut werden
Denn sie wissen
Sie besitzen den größten Schatz auf Erden.

Nicht die Sach ist des Wichtigste
Und auch nicht das Geld
Na, die Kinder sind der größte Reichtum auf der Welt.

Lang stehen sie da, ruhig und still
Und halten sich fest an der Hand
Und innigst wünschen alle zam
Dass die Leut auf der ganzen Welt
Grad so glückliche Weihnachten ham.

Rikki, Gmunden

Die rote Luftmatratze

Meine Kindheit verbrachte ich zwischen meinem dritten und sechsten Lebensjahr bei einer Tante meiner Mutter.
Wir lebten da in einem kleinen Reihenhaus mit zirka 70 m2 Wohnfläche, mit acht Personen. Meine Großtante, mein Großonkel, dessen Mutter, also meine Urgroßmutter, vier Töchter der Familie, die zwischen 12 und 18 Jahre waren, und ich.
Das Haus war sehr einfach. Es spielte sich alles in der Wohnküche im Erdgeschoss ab, wo außer dem Schlafzimmer der Eltern der Mädchen, und dem WC nichts mehr war. Im Obergeschoß gab es noch zwei Schlafräume, einen etwas größeren für die Mädchen und ein ganz kleines für meine Urgroßmutter und mich. Im Keller war die Waschküche und ein Abteil, wo wir Holz und Kohlen hatten, wenn es das Geld erlaubte.
Ich war gerne in der Waschküche. Da gab es einen großen Ofen, auf dem ein großer Wachkessel draufgemauert war, und wo so zirka alle drei Wochen oder einmal im Monat gewaschen wurde. Da war Waschtag, und im Anschluss war Badetag. Es gab auch eine Art gemauerte Wanne, wo die Wäsche geschwemmt wurde, und da konnten wir dann baden. Alle der Reihe nach, meist im selben Wasser, und ich kam zum Schluss dran. Wenn ich jetzt dran denke, weiß ich, warum ich heute so gerne ein Bad mit Badewanne habe, und vor allem, dass ich da ganz allein sein möchte. Da es im Haus so eng war, fand mein Leben meist draußen statt.
Zum Essen wurde ich gerufen, aber auch wenn es etwas zu tun gab. Ich überhörte dies manchmal. Da gab es

dann meist eine Strafe. z.B. musste ich zusehen, wie alle aßen und ich bekam nichts, oder ich musste in den Holzkeller.

Tata - so nannte ich meinen Großonkel, schimpfte immer sehr, wenn ich mich nicht so verhielt, wie er es wollte, und die Mädchen waren dann recht lieb mit mir, auch die Steirermama - so nannte ich meine Großtante. Sie schoben mir im Anschluss an das Essen, immer irgendetwas zu, oder gaben es mir, wenn das „Oberhaupt" außer Sichtweise war.

Ich wurde schon sehr bald auf die Arbeitswelt vorbereitet. Abtrocknen, Holz holen, Obst zusammenklauben…. wurde bald zur Selbstverständlichkeit.

Draußen in der Natur fühlte ich mich sehr wohl. Es gab auch viele Kinder in dem Viertel, wo wir wohnten, und das Leben der Kinder fand draußen statt. Das war gut so, denn drinnen warteten meist unliebsame Überraschungen.

Wir hatten einen kleinen Wald in unserer Nähe, viel Grün, und vor allem war es nicht weit zur Enns. Das war ein Fluss, wo wir nicht unbedingt hingehen sollten, aber wir taten es doch und es war schön. Kein einziger konnte schwimmen, aber wir liebten den Fluss, und lebten mit den Gefahren, die uns schon selber bewusst wurden.

Die größeren unter uns lernten bald schwimmen, und irgendwann konnte ich das auch.

Ich war meist die kleinste unter den Kindern, und kapierte ziemlich schnell, wie man sich bei Gefahr verhalten sollte, um möglichst gut auszusteigen.

Ein Junge aus der Siedlung wurde bald mein Freund. Er war ein Jahr älter als ich und als einziger ohne

Geschwister. Ich im Grunde auch. Die meisten hatten vier bis acht Geschwister.

Dieser Junge hieß Karli, und mit ihm lernte ich auch ein etwas anderes Leben kenne. Bei Karli gab es die Suppe in einem weißen Suppentopf, und seine Mutter schöpfte mit einer weißen Schürze die Suppe in den Teller.

Das hat mich jedes Mal sehr fasziniert, wenn sie mich da eingeladen haben. Es gab auch immer ein schönes Tischtuch und Stoffservietten, die ich bis dato noch gar nie gesehen hab.

Karli hatte auch ein riesen Zimmer für sich alleine und viele Spielsachen. Ich konnte mich gar nicht satt sehen an den vielen Sachen. Ich hatte nur eine Fetzenpuppe, die mir aber sehr lieb war. Später brachte mir einmal meine Mama, als sie mich besuchte, eine schöne Puppe mit, wo sie sagte, die heiße Romi. Diese Puppe war schön angezogen, ich hatte aber nicht so viel Freude wie mit meiner Puppe Susi.

Eines Tages durfte ich mit Karlis Familie einen Ausflug zur Steyer machen. Das ist der Fluss, der dann in die Enns fließt.

Als wir dort so auf der Decke saßen, nahm Karlis Vater ein Paket heraus, das blau war.

Als er es auspackte, war es wie eine Decke. Eine Seite war rot und eine blau. Die Decke war aus festem Material. Auf einmal blies Karlis Vater die Decke auf, und sie wurde schön dick.Da schaute ich. Als ich fragte wie das Ding heiße, sagte er mir, es sei eine Luftmatratze. Er ging mit ihr, mit Karli und mir zum Wasser. Ich werde diesen Augenblick nie vergessen.

Er legte die Matratze ins Wasser und sagte, wir sollen uns drauf setzen.

Als er mit uns dann sitzend auf der Matratze den Fluss hinunter fuhr, gab es in diesem Moment nichts Schöneres als diese Fahrt auf der Matratze. Da gab es keine Angst, da gab es kein Wohin…, da gab es nur den Fluss, die Matratze, Karli und mich. Es war ein wunderbares Gefühl, an das ich mich jetzt, während ich schreibe, gut erinnern kann. Es war Glücklichsein pur.

Ich durfte sogar auf der roten Seite sitzen, weil Karli entschieden hat, wenn mir rot lieber ist, dann setzen wir uns auf die rote Seite.

Wir mussten dann ziemlich weit zu Fuß zurück gehen, aber mit der Freude, und mit dem Wissen, dass es da eine rote Matratze gibt, die einem übers Wasser trägt, ging das ganz leicht.

Als wir zurückkamen, hatte Karlis Mutter Brote und einen Saft für uns hergerichtet, und ich war unsagbar glücklich.

Als ich viele Jahre später, wo ich selber schon Kinder hatte, eine Luftmatratze kaufte, war es fast dieselbe wie damals. Sie war auch rot-blau, und man konnte mit zwei Bändern sogar ein Sitzkissen mit Lehne daraus machen. Heute ist so vieles aus Plastik, aber so eine rote Luftmatratze aus festem Stoff ist schon etwas ganz Besonderes!

Isabella Karner, Altmünster

Schenk mir die Ruh

Oh Nacht, du sternenlose
Von Sehnsucht mich erlöse
Schenk mir die Ruh.

Lass nicht mein Herz verbluten
In durstenden Lebensfluten
Deck mich mit Hoffnung zu.

Petruta Ritter

Schlaflose Nacht

Flutende Gedanken
Durch den Geiste ranken
Es umringt mich heiß
Tausende Bilder
Drehen sich immer wilder
In demselben Kreis.

Von Finsternis umkränzt
In meinen Augen glänzt
Ein mattes Licht
Ausgebrannt der Mond
Erschöpft und leer betont
Sein schwindendes Gesicht.

In Dunkelheit der Nacht
Entseelt der Berg bewacht
Des Tales Leichnam
Mein Atem auf und ab
Mal sattsam und mal knapp.

Aus jedem Ährenhalm
Vernimmt der Erde Duft
Rings hart im Schlaf die Luft
Im süß täuschendem Traum
Allein der Laut der Grillen
Geht um mit wehem Schrillen
Durch wändelosen Raum.

Petruta Ritter

SOMMER IM PARK

Mitten in meinem Lieblingspark steht eine, zugegeben nicht besonders hübsche, eher durchschnittlich aussehende grüne Holzbank.
Vom Stadtplatz her kommend, dort wo unsere „Kreuzfahrtriesen" ihren Anlieger haben, nur ein paar Meter weiter, da beginnt der Stadtpark. Und da richtet sich mein Blick immer auf ein Ziel. Ist „meine" Bank heute für mich frei?
Klar, die Enttäuschung ist jedes Mal groß, wenn sich schon andere Bankliebhaber darauf niedergelassen haben.

Heute jedoch ist meine Bank nicht besetzt. Und so steuere ich zielstrebig auf das Objekt meine Begierde zu. Nicht dass mir doch noch jemand zuvorkommt!

Die vielen kleinen Kieselsteine knirschen unter meinen schnellen Schritten und jetzt, jetzt gehört sie für eine Weile mir, meine Lieblingsbank.

Wie immer setze ich mich seitlich so nah wie möglich unter das Blätterdach des riesigen, Schatten spendenden Ginkobaumes.
Direkt vor mir ergießen sich Wasserfontänen in das Becken des wunderschön geformten Springbrunnens. Die Statue eines Salzträgers thront in der Mitte und im türkisblauen Wasser schwimmen unzählige kleine Goldfische. Auch Münzen liegen am Grund, beim Werfen wahrscheinlich begleitet von süßen Wünschen.
Die Blumen im Park blühen prächtig, es duftet herrlich.

Da sitze ich nun voll Freude und lese in meinem Buch über das Mutigsein und die Möglichkeit des Unmöglichen. Immer wieder, nach ein paar Sätzen, schau ich auf und denke nach, wie das denn bei mir so ankommt. In dieser Zeit drängt sich das Thema in den Vordergrund, es hat ja ein neuer Lebensabschnitt begonnen.

Bei einem Treffen vor ein paar Tagen mit einigen Damen und Herren meines Alters bemerkte ich, dass auch manch Anderem „der Plan" verloren ging. Manch(mal) mehr, manch(mal) weniger. Kein Wunder eigentlich, hatte bisher doch „der Plan" uns stets fest im Griff und den Alltag strukturiert.
Nach einem tiefen Atemzug fallen mir spontan die Worte ein, „nichts muss, doch alles kann." Ein kleiner Schritt am Weg zur Leichtigkeit des Seins.
Die vielen Menschen, welche die von Kastanienbäumen gesäumte Allee unserer Flaniermeile bevölkern, entgehen mir nicht. Die meisten lassen sich einfach treiben, genießen das eine oder andere Eis aus der Tüte. Kinder wuseln zwischen den Leuten mit ihren kleinen Fahrrädern umher. Manch Besucher unserer Stadt besteigt ein kleines Elektroboot und freut sich auf die frische Brise am See. Auch die Cafés mit ihren hübschen Sonnenschirmen und gemütlichen Sitzmöbeln sind gut besucht an so einem wolkenlosen Sommervormittag.
Wie schön, es sind schon wieder viele Touristen in unserem kleinen Städtchen. Sie bewundern die gewaltige Bergkulisse und den glitzernden See davor.

Aber auch sogenannte Einheimische wollen sehen - und natürlich gesehen werden.

Meine Bank steht nicht ganz so im Mittelpunkt dieses Geschehens. Trotzdem dringen die melancholischen Melodien zweier Straßenmusikanten bis zu mir herüber. Fühlt sich an wie Urlaub.
Jetzt noch eine Tüte Schokoladeeis und das Gefühl der Wonne wäre nicht mehr zu steigern, denke ich so vor mich hin. Gleich auf der anderen Straßenseite befindet sich mein absolutes Eisparadies, allein schon die Vorstellung lässt das Wasser in meinem Mund zusammenlaufen.

Nun, ein kleines Risiko ist es natürlich schon, meine Lieblingsbank zu verlassen, könnte sie doch in der Zwischenzeit besetzt werden. Kann aber auch sein, dass sich ein ganz lieber Mensch diese Oase aussucht. Und sich dann über meine Gesellschaft freut.

Fazit: mutig sein bedeutet auch Risiko. Offen zu sein für etwas, was einem vielleicht „zufällt". So einfach ist das.
Die Bank blieb leer. Das Eis war köstlich und ich träumte vor mich hin.
Vielleicht komme ich ja morgen wieder. Und probiere erneut das Mutigsein, der Eissalon hat jedenfalls offen.

Eleonora Grininger

Sommerregen

Ein sanfter Regen liebkost die trockene Erde. Diese weint vor Erleichterung, endlich Wasser für ihren trockenen Körper.
Sie sendet ein herzliches Danke für den Regen an das Universum und ihr Herz tanzt zum Rhythmus der Tropfen.
Dinge, die das Herz berühren, sind die Nahrung für den wahren Menschen.

Christine Schlair, Roitham

Sommerwind

Sommerwind
Stell endlich dich ein
Vermiss deine Wärme
Die Weichheit
Dein Wehen
Durchkämmst und erfrischst
Machst vieles so leicht
Hebst an
Lässt verstehen
Was ich gesammelt, getragen
Im Herbst und im Winter
Vom Frühling wohl manches geweckt.

Sommerwind
Brauch dich
Heb es empor
Was ich noch versteckt
Auf dass du meine Seele
So frei und rein schillerst
Dich vollends entdeckst
Wünsch es uns beiden so innig und tief
Dass wir beim Heimgehen nicht fragen
Wo unsres Lebens Sommer denn blieb.

Doris Haffelner

Ein kleiner Junge, so klein und fein
Steht da mit seinem Plastiksäckchen
Ganz allein.

Der starke Wind, der kommt und geht
Macht sein Werk und verbläst
Ohne Mühe, ohne Qual
Das Plastiksäckchen aus seiner Hand.

Erschüttert von seinem Verlust
Verfolgt er mit Entschluss
Das Säckchen ohne Inhalt und Verschluss.

Das Säckchen fällt nieder und da schon wieder
Der Junge entdeckt, voller Schreck
Ein Plastikmeer voll mit Dreck
Am Sande seines geliebten Landes.

Tamara Marinkovic

Träum grad

Träum grad den Traum
Der allerbesten Zeiten
Wenn alle Menschen sich geleiten
Hilfe schenken
Füreinander da
Untrennbares Sein erkennen
Ihr Zuhaus´ am gleichen Ort
Hände reichen, mutig sind
Teilen, Zuhören
Miteinander weinen
In Ehrfurcht vor dem großen Gott
Wir mit unsren Herzen sprechen
Trösten, heilen
Und vergeben
Uns bemuttern und verstehen
Dankgebete beten
Schmale Wege neu begehen
Diese Welt so satt
An Hoffnung, Freude
Kraft und Frieden
Guten Worten
Hab dich lieb
Ich liebe dich
Sei gesegnet
Mir vergib
Danke dir mein Seelenfreund
Von dir bedacht
Innig geliebt zu sein.

Doris Haffelner

TRAUNSTEIN

Von meinem Fenster aus kann ich dich seh'n
In deiner ganzen Pracht,mit deiner ganzen Macht
Breit und mächtig stehst du da
Spür deine Kraft, von fern und nah!
Bin ich mal traurig, fühl mich allein
Schau ich zu DIR, dann kann ich heil'n
Fühl mich von dir gesehen, spür deine Kraft
Schon fließt zu mir, viel von deiner Macht.

Es wird ruhig und still in mir
Ich dank dir ganz tief dafür
Ich fühl mich geborgen und getragen
Weg ist nun mein Unbehagen
Du mein Fels, gibst mir KRAFT, STÄRKE und auch MUT
Ich spür: mit DIR in MIR ist alles gut
Danke, du mein geliebter Berg
Dass ich ein Teil sein darf von DIR
Und ich spüren kann, wozu ich bin HIER!
Hier in dieser schönen Gegend
Brauchts zum GLÜCKLICH sein so wenig
Wenn ich spür die Liebe zu dir hin
Die große Kraft
Dann komm ich ganz leicht in meine Macht
Das zu leben, was ich bin
LIEBE, FREIHEIT, KÖNIGIN!

Isabella Karner, Altmünster

Hochzeit

Wer heiratet, hat Mut
Sagt ja zum Füreinander
Bleibt in guter und schlechter Zeit
Im stützenden Miteinander.

Gibt es ein Rezept, dass es gelingt?
Davon soll das Gedicht berichten
Es ist die Behandlung von Blumen
Ganz normale Alltagsgeschichten.

Jeder weiß, was Blumen brauchen
Wasser, Dünger, Erde, Licht
Und dann dazu den richtigen Platz
Nun eine kleine Übersicht.

Wer zu viel gießt
Es staut sich im Topf
Die Wurzeln werden kaputt
Die Blume neigt den Kopf.

Der Dünger bringt Wachstum
Es sprießt alles schnell
Die Blüten sind prachtvoll
Es ist sehr originell!

Die Erde, manchmal zu sauer
Nicht locker zur Zeit
„Oh, gib mir eine Neue"
Ruft sie, wird zum Guten bereit.

Den Platz an der Sonne
Will sie gar oft
Aber nicht immer
Sie will es lieber soft.

Ein größerer Topf ist angesagt
Das Wachstum ist erschwert
Ich kaufe einen Neuen
Sie ist mir das schon wert.

Manchmal braucht sie auch „Frisur"
Altes steht im Wege
Blätter neu besprüht
Das ist Blumenpflege.

Das Wasser für Gefühle steht
Es braucht das richtige Maß
Nicht gleich zu viel erregt
Sonst bleibt man oft zu nass.

Die Erde, die Basis für alles
Kann Mangel erleben
Dann braucht es wieder
Dünger zum Leben.

Wenn das nicht reicht
Ein neuer Topf, eine Reise
Man sieht vielleicht
Das Glück auf neue Weise!

Sonne, Licht für Klarheit steht
Auf allem Liebe und Frieden ruht
Die Blume strahlt, wie Ihr nun seht
Und alles, ja alles ist wieder gut.

Traute Karner

Viel Frohsinn, Glück und Heiterkeit!
„Gemeinsam ist man stark, seids gscheit"

In Liebe

Eure Mama

Immer wenn es Weihnacht wird...

Beim Nachdenken, wie war das, als ich noch ein Kind war, fielen mir keine so wunderbaren Weihnachtsfeiern ein. Ich hatte oft unerfüllbare Wünsche und um nicht unglücklich zu sein, redete ich mir ein, das brauche ich eh nicht.

In der Vorweihnachtszeit gab es beim „Hirschen" die Weihnachtsausstellung und für Kinder war die Spielwarenabteilung ein Hochgenuss! Was konnte man da alles bewundern. Die Augen haben wir uns ausgeschaut.

Der Baum, jedes Mal ein Kunstwerk aus Lametta, immer eine Fichte aus dem eigenen Wald, mit selbstgemachten Papiersternen und Baiserringerl, ja, wir kannten nichts anderes.

Zum Essen gab es immer Bratwürste und Mutters Kartoffelsalat. Wehe die Würstel sprangen auf, was ja oft passierte. „Ach Irene, das macht doch nichts, uns schmeckt es auch so"! Aber zu den Ansprüchen meiner Mutter passte das nicht. Für sie war klar, wie alles gemacht wird. Überall standen Kerzen, alle Weihnachtsgrüße waren aufgestellt und es wurde viel gesungen. Wenn ich daran denke, dass jeder von uns alle Texte von drei Strophen kannte, es ist unglaublich!

Als ich dann selbst Familie hatte, habe ich für mich viele Fragen entdeckt.

Was will ich wirklich? Die Konzentration auf Geschenke legen, oder? Das heimliche Wunder von der Herbergssuche und dem Jesuskind, ein Erinnerungsfest, nur einmal im Jahr? Ein Festessen? Der

Besuch der Messe in der kalten Kirche? Ich merke, dass mir immer klarer wird, dass Weihnachten eine Grundhaltung ist. Ein Mysterium, etwas Feierliches, das der Mensch braucht und will.

Noch heute besitze ich Christbaumschmuck, der mich an liebe Menschen erinnert. Das ist ein köstliches Gefühl, wenn ich die Schachteln aufmache und mir alles so vor Augen führe! Es ist wahrhaft eine Zeremonie und richtig glücklich bin ich, wenn ich das alleine mache. Das Baumaufstellen ist jedes Jahr eine Herausforderung. Steht er gerade, oh weh, noch ein bisschen schief! Es wird immer schwieriger, schöne Wachskerzen zu bekommen, aber bis jetzt war es möglich.

Wenn dann alles fertig ist, setze ich mich hin und freue mich über das schöne, gemütliche Weihnachtszimmer. Wieder gibt es kleine Überraschungen und die Frage: Macht es Freude?

Das Wichtigste für mich ist das Gefühl von Verbundenheit zu haben. Das stellt sich zu Weihnachten ganz natürlich ein. Manchmal auch in der anderen Zeit!

Meine Gedanken zu Weihnacht 2012

Was ist Weihnachten für mich, für dich?
Ein Fest der Liebe, sicherlich!
Das Schenken, dem anderen Gutes tun
Hat der Konsum entdeckt und... nun
Wird`s immer lustiger
Und man hat das Gefühl der Leere
Und will glatt besser in den Süden fahren
Um sich davor zu bewahren!

Die Erinnerung an Weihnacht
Der Kindheit, die ein Gefühl macht
Der Wärme und Geborgenheit
Bei Keksen und viel Kerzenschein!

Wenn was unter die Haut geht
Sozusagen Besonderes entsteht
Sage ich: „Das ist wie Wcihnachten"
Dies gute Gefühl will ich achten!

Egal, was die Gesellschaft tut
Für mich ist Weihnachten gut!

Wenn in meinem Leben etwas ganz besonders schön
und berührend ist, dann sage ich:
„Das ist wie Weihnachten!"

Traute Karner

Unter Wolken und Wind

Die sanften Geräusche der Natur
Wenn die Sonne hinter den Bergen versinkt
Wir hören Klänge und lassen uns berauschen
Von diesem beginnenden Zauber der Nacht
Golden färbt sich der Himmel über uns
Wir staunen
Die Farben sind unendlich.

Der Wind trägt uns über den Horizont hinaus
Und die Musik begleitet uns
Fühlen wir aneinander das Dasein
Die Verbundenheit
Das Ewige in unserem Herzen
Wir fühlen Wonne und Geborgenheit.

Umrundet von der Natur
Die uns Farben und Klänge schenkt
Die wir mit unserem Herzen fühlen
Es entsteht Unendlichkeit
Lassen wir sie wirken und leben.

Eva-Maria Pesendorfer, Altmünster

Wachsen

Lass mich dir Rosen streuen
Ein Liebesbeet bereiten
Wo deiner Seele Wünsche keimen
Du nicht gelebte Träume säst
Kostbarste Früchte erntest.

Lass mich die Erde sein
Die deine Saat bewahrt
Dir Wohnung ist
Dich wohlig warm bereitet
Dich selbst gewähren lässt.

Lass mich das Wasser sein
Und auch die Sonne
Du deiner Dunkelheit entwächst
Atmest den Geist der Liebe
Entfaltest deine schönste Kraft und blühst.

Doris Haffelner

Willst du mit mir gehen?

Willst du mit mir gehen
Fragt mich mein Selbst einmal mehr
Und ich sag ja, aber nicht grad jetzt
Jetzt muss ich tun und machen
Muss tun und machen
Wollen, sollen und können und dürfen müssen
Wohlüberlegt verknüpft werden
Damit alles besser wird irgendwann
Und dann werd ich schon Zeit finden
Willst du mit mir gehen
Zupft mich mein Selbst am Ärmel abermals
Hör mich doch an, geh mit mir
Erhör mich im Hier und Jetzt
Und komm ins Sein
Vergangenheit und Zukunft
Sie sind nur Schein!
Hör doch auf dich
Was ist´s, das deine Augen strahlen lässt
Und dein Herz erwärmt?
Ich weiß es wohl
Nur ob ich können tät und dürfen
Muss ich denn nicht und sollt ich nicht
Stell dir das vor und dann, was dann?
Wie könnt das werden
Was denken die Anderen?
Wie schaff ich mir Sicherheit?
Wie kontrollier ich das?
Wie krieg ich´s in den Griff?
Ich ängstige mich.

Die Möglichkeit der Angst zu wählen
Ist deine Freiheit - so mein Selbst
Lebe sie aus und schau aufs Licht
Und lerne - jetzt
Kein Menschenkind kommt dran vorbei
In jedem Leben!
Zwei Wölfe sind´s
Die in uns kämpfen
Der Wolf der Liebe und der Wolf der Angst
Der, den du fütterst - der wird siegen!
Wenn du´s erfahren
Dass Angst nicht in der Liebe ist
Angst ist Illusion
Dann werd ich leuchten
Und ich und du, wir leben gelebtes Leben.

Doris Haffelner

Zuhause

Ich sitz auf meinem Rad und sause den Berg hinunter
Es ist kalt, doch ich bin recht munter
Heb die Füße vom Pedal und rufe „Hurra", ganz laut
Heut fühl ich mich großartig in meiner Haut
Ich bin das LEBEN, ich bin dir so nah!
Du Himmel, du Sonne, du See und du Berg
Wenn ich da so radle, bin ich wie ein Zwerg
Ein Zwerg mit viel Freude, mit Sinn für HUMOR
Die Haube rutscht runter, verdeckt ganz mein Ohr
Ich lache und singe, fahr nur so dahin
In mir ist die Freude, die Liebe und das Glück
Ich schau nur nach VORNE, doch niemals zurück
Bin Zwerg, bin Riese, mal groß und mal klein
Ich liebe das Leben, - das ist doch so fein
Bin glücklich als Mensch, als Wesen, als Frau
Ich lebe die LIEBE, ich weiß ganz genau:
Wo ich bin, ist mein Zuhause, egal wo das ist
Solange die Liebe, die Freude, der Friede
In mir drinnen ist!

Isabella Karner

Die Herausgeberin und Autorin

Petruta Ritter, in Rumänien geboren, besuchte in ihrer Heimatstadt Jorasti die Hauptschule. Nach weiteren vier Jahren Lyceum absolvierte sie drei Jahre lang eine Ausbildung zur ärztlichen Assistentin.

Durch ihre Heirat kam sie im Jahr 1976 nach Österreich. Das Schreiben faszinierte sie immer schon und bereits in frühester Jugend schrieb sie – ursprünglich in Rumänisch, später auch in Deutsch – ihre Eindrücke.

Durch all ihre Bücher zieht sich wie ein roter Faden ihr Lebenselixier: die Liebe zur Natur.